Franklin a peur de l'orage

Pour ma voisine, Amanda – *P. B.*

Pour ma mère, qui a encore peur de l'orage – *B. C.*

Franklin

Franklin est une marque de Kids Can Press Ltd.

Publié pour la première fois en 1998 par Kids Can Press Ltd.,
Toronto, Ontario, Canada, sous le titre *Franklin and the Thunderstorm*

Les illustrations ont été réalisées avec l'aide de Shelley Southern
et Muriel Hughes Wood

ISBN 2.01392388.0

Dépôt légal n° 24699 – Août 2002 – Édition 08

Imprimé chez Stige, en Italie

Loi n° 49-956 du 16 juillet 1949
sur les publications destinées à la jeunesse

Franklin a peur de l'orage

Paulette Bourgeois - Brenda Clark

Adaptation française de Cécile Beaucourt

DEUX COQS D'OR

Franklin sait compter jusqu'à cent et nouer ses lacets comme un grand. Il peut réciter par cœur tous les mois de l'année, et même les saisons. Il sait lire la température sur le thermomètre et il jette chaque jour un coup d'œil au baromètre.

Il faut dire que si Franklin s'intéresse autant à la météo, c'est parce qu'il a peur de l'orage.

Aujourd'hui, il a prévu de retrouver ses amis chez Raffin le renardeau. Mais dehors, le ciel est de plus en plus noir et les nuages de plus en plus bas.

« Peut-être que je ferais mieux de ne pas y aller, dit Franklin à sa maman.

– La pluie ne va pas tomber tout de suite. À mon avis, tu as largement le temps d'arriver chez Raffin avant l'averse », répond-elle.

Franklin se met en route. Mais même avec ses bottes et son parapluie, il n'est pas très rassuré.

Il marche aussi vite qu'il peut, sans quitter le ciel des yeux. Les nuages filent à toute allure et le vent souffle méchamment.

Franklin ne se sent pas très bien.

Quand il arrive enfin chez Raffin, il trouve son ami qui joue dehors.

« Tu ne crois pas qu'on devrait rentrer ? » lui demande Franklin en montrant le ciel avec inquiétude.

Mais Raffin, lui, n'a pas peur. L'air effrayé de Franklin le fait plutôt rire.

« Pas tout de suite, dit-il. J'adore regarder les nuages et sentir le vent souffler. C'est rigolo !

– Moi, ça me fait peur », avoue Franklin.

Lili le castor, Arnaud l'escargot
et Hubert le faucon les rejoignent pour jouer.

« Regardez, je suis tout ébouriffé ! s'écrie Raffin.

– Et moi, mes plumes sont toutes gonflées !
dit Hubert en riant.

– Hum hum… je crois que ça sent l'orage… »
dit Lili en souriant, le nez au vent.

Franklin ne voit vraiment pas ce qu'il y a de drôle.

Le vent est de plus en plus violent.

« Wouaou ! » crie Hubert qui s'envole et se met à faire des loopings dans les courants d'air.

Franklin retient son chapeau en tremblant. Il fait très sombre. Les premières grosses gouttes s'écrasent sur le sol.

« Cette fois, on ferait vraiment mieux de rentrer, dit Franklin.

– Oh non, dit Raffin, suivez-moi ! »

Vite, vite, ils se réfugient dans la cabane pour être au sec.

La maman de Raffin les appelle :

« Il faut rentrer !

– Ne t'inquiète pas, lui crie Raffin, on est dans l'arbre. »

Mais sa maman les rejoint aussitôt.

« Il ne faut jamais rester près d'un arbre pendant un orage, dit-elle. La foudre tombe d'abord sur ce qui est haut. Vous risquez d'être blessés. »

De l'arbre jusqu'à la maison, Franklin court sans lâcher la main de la maman de Raffin.

Ils sont juste rentrés lorsqu'une grande lumière traverse le ciel en zigzaguant.

« Un éclair ! » crie Franklin.

Il est mort de peur.

BAAOOUUUM !

Il hurle : « Le tonnerre ! »

« Ne t'inquiète pas, Franklin, lui disent ses amis. On est en sécurité, ici. »

Mais Franklin s'est caché tout au fond de sa carapace.

Il ne veut pas sortir quand la maman de Raffin apporte le goûter.

Et il ne veut toujours pas montrer le bout de son nez quand ses amis lui proposent de jouer.

Soudain, après un énorme coup de tonnerre, la lumière s'éteint.

« Ne craignez rien, dit la maman de Raffin en allumant une lampe-torche et des bougies. Tu ne veux vraiment pas sortir de ta carapace ? demande-t-elle à Franklin.

– Non, merci », marmonne-t-il.

« N'aie pas peur, dit Hubert. Tout ce bruit, ce ne sont que les géants des nuages qui jouent de la batterie.

– C'est vrai ? demande Franklin en pointant le bout de son nez.

– Bien sûr que non, rigole Arnaud, ce bruit-là, c'est quand les géants jouent au bowling. »

« Et les éclairs, alors ? demande Franklin en sortant de sa carapace.

– Bah, dit Hubert, ce sont les géants des nuages qui n'arrêtent pas d'allumer et d'éteindre la lumière.

– À mon avis, c'est plutôt qu'ils sont en train de se balancer aux lustres »,
rétorque Raffin.

Franklin éclate de rire.

« Des géants ! N'importe quoi ! s'écrie Lili. M. Hibou a dit qu'un éclair est une grosse décharge électrique qui va du ciel vers la terre. La décharge est tellement forte que l'air qui l'entoure fait BOUM ! et c'est ça le tonnerre.

– C'est bizarre ! » dit Franklin.

Il n'a plus peur maintenant. Il joue même à faire des ombres chinoises avec la lampe-torche. Petit à petit, les éclairs s'espacent. Le tonnerre n'est plus qu'un faible grondement dans le lointain et la pluie s'arrête de tomber. La lumière revient.

« L'orage est fini ! dit Raffin. Allez, on va jouer dehors.

– Regarde, s'écrie Franklin, un arc-en-ciel ! »

« Moi, je sais pourquoi l'orage est fini, dit Franklin. Les géants savent qu'il y a toujours un trésor au pied d'un arc-en-ciel, et ils sont partis à sa recherche. »

Son explication fait sourire tous ses amis… même Lili.